Mes Amis les CHEVAUX

Sophie Thalmann

Lulu a disparu !

Novélisation : Natacha Godeau.
Illustrations : Isabelle Mandrou.
Conception graphique du roman : Audrey Thierry.
Mise en pages : Mélody Gosset.

Hachette Livre, 58, rue Jean-Bleuzen, 92178 Vanves Cedex.

Mes Amis les CHEVAUX

Lulu a disparu !

Sophie Thalmann

hachette
JEUNESSE

Zéphyr

Ce pur-sang arabe à la robe « alezan brûlé » est le plus rapide du haras… et il adore s'en vanter ! Sûr de lui, il agace parfois les autres chevaux. Andalou est son principal rival, mais Zéphyr ne s'inquiète pas une seconde : c'est lui le meilleur, et il va le lui prouver !

Féline

Avec sa robe baie aux reflets dorés, cette jument lusitanienne a une apparence féline... D'où son nom ! Têtue, battante et fière, elle ne se laisse pas faire et obtient toujours ce qu'elle veut. Et même si elle a tendance à être très capricieuse, Andalou et Zéphyr ne sont pas insensibles à son charme !

Moustique

Mais quelle mouche a bien pu piquer cet adorable shetland ? Très ambitieux, il déteste qu'on ne le prenne pas au sérieux et il est incapable de tenir en place. Andalou l'a même surnommé « mini-Zéphyr », tant il aime parader !

Andalou

Andalou est le cheval préféré des enfants et de ses compagnons. Il est aimé et respecté parce qu'il est réfléchi et très courageux. Pas étonnant que Moustique rêve de lui ressembler ! Il aime passer du temps avec Féline et est en compétition avec Zéphyr.

Percheron

Percheron est un cheval de trait. En plus de son travail à la ferme, il adore faire de longues promenades en charrette avec les visiteurs. Bien que très impressionnant, il est doux et amical. C'est le cheval le plus sage, et surtout le plus gentil !

Lulu

La plus vieille jument du haras est une sorte de « cheval de secours » ! Sage et bienveillante, elle aime aussi taquiner les jeunes chevaux, surtout Zéphyr et Féline... Quant à Moustique, c'est son chouchou. D'ailleurs, c'est comme ça qu'elle le surnomme !

Sophie

Elle est toujours là pour s'occuper de ses chevaux et du haras. C'est une cavalière très douée, passionnée, et qui adore monter Féline, sa jument préférée. Lorsqu'elle ne s'occupe pas de ses animaux, elle donne des cours d'équitation aux enfants.

Prologue

Ce soir, les chevaux se réchauffent à l'écurie. L'hiver n'est pas encore là, pourtant, un froid terrible vient de s'abattre sur la région. Dans son box, Lulu frissonne. D'un coup de dents, elle saisit une couverture suspendue à la paroi et la jette sur son dos en rouspétant :

– Nom d'une marguerite ! Je suis complètement gelée, et nous ne sommes encore qu'en automne !

– Mais Sophie et Victor nous ont déjà mis nos couvertures matelassées pour cette nuit, remarque Percheron.

– Et alors ? dit Féline. Si Lulu préfère en porter deux, ça la regarde. D'ailleurs, je vais l'imiter !

Soudain, Zéphyr hennit de rire, du fond de sa stalle.

– Oh ! là, là ! Quelles frileuses ! Je me demande bien comment vous ferez lorsqu'il neigera, les taquine-t-il.

– Elles entasseront dix couvertures l'une sur l'autre, et elles ne pourront plus galoper tellement elles seront empêtrées ! s'exclame Moustique sur un ton malicieux.

– Hélas, le petit chou a raison, soupire Lulu. Ce n'est pas pratique du tout !

– Je ne suis pas un petit chou mais j'ai raison, ça oui ! proclame fièrement le poney.

À cet instant, Andalou se met à piaffer dans la paille de sa litière.

– Il faut bouger, recommande-t-il à ses amis. Quand

on piétine sur place, on a moins froid. Résultat garanti !

– Eh bien, moi, j'ai une meilleure idée, déclare alors Zéphyr en bâillant. On se tait, on ferme les yeux… et on dort !

Changement de temps

Tout est paisible, dans l'écurie. Les chevaux attendent le sommeil en silence, chacun bien installé dans son coin. Lulu, Féline et Moustique somnolent déjà. Andalou fouille du bout du nez dans son seau d'avoine.

Zéphyr mastique un peu de foin. Quant à Percheron, il laisse ses pensées vagabonder en regardant par la fenêtre de son box. Dans la cour, la pâle lueur des rayons de lune scintille sur les pavés recouverts d'une fine couche de givre. Soudain, un mouvement attire l'attention du cheval de trait. Une ombre fonce à toute allure vers la porte… C'est le chat Filou, qui se faufile par la chatière ! Il traverse l'écurie en feulant de contrariété, puis va se coucher en boule sur le tas de paille, au fond du bâtiment. Intrigué, Percheron

tend le cou pour voir par dessus la paroi de sa stalle : Filou secoue la tête pour se débarrasser de quelques flocons blancs. Vite, le cheval de trait se retourne vers la fenêtre…

– Ça alors, il neige ! s'exclame-t-il, surpris.

Les flocons tombent en rideau épais. Andalou se redresse.

– Ah bon ? s'étonne-t-il. Comme ça, tout à coup ?

– Oui, une vraie tempête, ajoute Percheron.

Au même instant, le vent se met à souffler en rafales. On l'entend siffler tout autour de la bâtisse, dont le bois gémit de façon impressionnante.

– Eh bien ! Je n'avais encore jamais vu un changement de temps aussi rapide, bougonne Zéphyr.

À ces mots, une bourrasque ébranle la porte de l'écurie, qui s'ouvre brusquement dans un grincement sinistre. Le vent et les flocons s'engouffrent en virevoltant dans les box. Moustique, Féline et Lulu se réveillent en sursaut.

– Qu'est-ce que c'est ? Qui est là ? s'affole Féline.

– Oh ! Comme il fait froid ! s'exclame Lulu en grelottant.

– C’est un ouragan ! hennit Moustique.

Percheron s’empresse de les rassurer.

– Tout va bien, pas de panique ! Une tempête de neige vient de se lever. Je vais refermer la porte…

– Ne bouge pas, je m’en charge ! propose Andalou en soulevant le loquet de sa stalle du bout du nez.

Bravant les rafales glacées, il sort dans

l'allée pour gagner la porte principale, tête baissée contre le vent. Sa crinière flotte sur sa nuque, capturant les gros flocons qui tournoient sur eux-mêmes. L'étalon tente de repousser la porte. Mais il a beau faire, les rafales sont trop puissantes…

– J'ai besoin de renfort ! appelle-t-il, en désespoir de cause.

– J'arrive tout de suite ! répond Zéphyr sans hésiter.

Et le pur-sang se précipite pour l'aider. Ensemble, ils parviennent enfin à claquer la porte. Aussitôt, le calme revient dans l'écurie... mais les chevaux frissonnent plus que jamais de froid !

– Il faudrait bloquer la porte avec quelque chose, suggère Moustique.

– Bonne idée, approuve Andalou.

Il fouille les alentours du regard et...

– Victor a laissé deux gros sacs d'avoine, dans la sellerie. Zéphyr, tu m'accompagnes ?

– D'accord, je te suis.

Les sacs pèsent lourd. Par chance, ils sont fermés par une

corde, que les chevaux saisissent entre leurs dents afin de traîner les sacs devant la porte.

– Et voilà ! On n'a plus rien à craindre ! déclare Andalou.

– J'aimerais en être certaine, ronchonne Féline. Vous entendez, dehors ? C'est de pire en pire !

En effet, la tempête semble s'intensifier de minute en minute. Percheron jette un nouveau coup d'œil par la fenêtre. La cour est maintenant recouverte d'au moins cinq centimètres de neige ! On ne distingue même plus la frontière entre la surface pavée et la prairie de l'enclos… Sans la barrière, seul un tapis lisse et immaculé se déroulerait à perte de vue !

– Vous savez quoi ? marmonne le cheval de trait. On est en train d'essuyer un blizzard, comme dans le Grand Nord !

Les autres en demeurent bouche bée. C'est tellement irréel ! Ils écoutent le sifflement du vent dans les arbres. Avec la couche de neige, sur le toit de l'écurie, le moindre son, à l'intérieur comme à l'extérieur, semble feutré, presque étouffé. De plus en plus nerveux, les chevaux se taisent. Ils restent aux aguets, les oreilles plaquées en arrière. Puis un nuage dissimule la lune. La pénombre devient alors obscurité, et Filou file subitement par la chatière en poussant un miaulement strident !

– Ce chat est complètement fou, maugrée Zéphyr.

– À moins qu'il ne ressente un danger quelconque ? bredouille Lulu, inquiète.

– Que veux-tu qu'il nous arr...

Un craquement épouvantable interrompt le pur-sang. Tous lèvent les yeux vers la source du bruit...

– Le plafond s'écroule ! alerte Andalou. Sauve qui peut !

Ni une ni deux, les chevaux s'échappent des stalles, enfoncent

la porte de l'écurie, sautent par-dessus les sacs d'avoine et partent au triple galop dans la cour…

La disparition

À peine les chevaux sont-ils dehors qu'une partie du toit de l'écurie s'effondre dans un vacarme assourdissant. Pris de panique, les chevaux détalent en tous sens, leurs sabots creusant de profondes empreintes dans la

neige. Au même instant, Sophie sort en trombe du haras en bottes et parka, enfilées à la va-vite par-dessus son pyjama. Elle brandit une lampe de poche devant elle. Mais le faible halo lumineux perce avec difficulté le brouillard de flocons qui tombent en tourbillonnant…

– Victor ! crie-t-elle dans la nuit. Apporte la grosse torche électrique, on n'y voit rien !

Le palefrenier sort à son tour de la maison. Il braque sa lampe vers l'autre extrémité de la cour. Le château d'eau et la remise sont intacts. En revanche, quelque chose cloche à l'écurie…

– La porte est défoncée ! s'exclame-t-il.

Sophie et Victor courent jusqu'au bâtiment. Le faisceau des torches balaie l'intérieur des box. Sophie fronce les sourcils.

– Oh, non, les chevaux sont partis ! Qu'est-ce qui leur a pris ?

Victor éclaire le plafond, par où s'engouffre le vent.

– Un pan du toit s'est effondré, constate-t-il. Heureusement, c'est du côté de la sellerie. Mais j'imagine que les chevaux ont eu peur que tout s'écroule sur eux…

– C'est la tempête, qui a détruit tout ça ? demande Sophie, sidérée.

Le palefrenier hausse les épaules.

– Je ne sais pas trop… Il y avait sans doute un problème d'infiltration et d'humidité. Encore des travaux en perspective !

Puis il ajoute en souriant :

– Une chance que tu m'aies hébergé au haras cette nuit. Si j'étais rentré chez moi, tu te sentirais bien seule pour installer une bâche de protection sur le toit !

– Oui, d'ailleurs, nous devons retrouver les chevaux avant qu'ils ne finissent frigorifiés ! lance Sophie.

Un hennissement aigu l'interrompt. Elle se retourne et se retrouve face à Andalou, la robe blanche de neige, des flocons plein les cils. Dans le froid, son haleine forme un nuage en s'échappant de ses naseaux et de sa bouche.

– Ah, te voilà, toi ! s'écrie la cavalière, soulagée que l'étalon soit revenu de lui-même. Alors, on a eu une grosse frayeur ?

Elle lui tapote le cou avec affection. Andalou s'ébroue. Ouf ! L'écurie est restée debout, finalement ! Il hennit de nouveau. Si Sophie et Victor comprenaient le langage des chevaux, ils entendraient l'étalon s'égosiller :

– Zéphyr ! Tu peux approcher, il n'y a plus de danger !

Le pur-sang arrive d'ailleurs en trottant, le bout des sabots gelé.

– On va pouvoir réintégrer nos stalles ? questionne-t-il.

– Dès que Victor aura tendu une bâche sur le toit, répète son ami. Il faut prévenir les autres. Tu sais où ils sont ?

Zéphyr secoue la crinière.

– Aucune idée, désolé ! On a tous filé droit devant sans réfléchir. Et puis il fait si sombre…

– Je suis là !

Percheron les rejoint à pas lourds. Il contemple l'écurie d'un œil critique et marmonne :

– Victor est certain qu'il n'y a plus aucun risque ?

– Je suppose qu'il vérifiera tout cela avant de nous laisser entrer, réplique Andalou.

À cet instant, Sophie aperçoit Féline et Moustique, qui approchent timidement des lieux du sinistre.

– Venez, mes jolis ! les encourage-t-elle. Nous allons nous assurer que le reste de l'écurie tient bon, puis vous pourrez vous reposer dans vos box.

Sur ces paroles, elle s'engouffre dans le bâtiment afin d'évaluer les dégâts avec Victor.

– Féline, Moustique, vous êtes sains et saufs ! accueillent en chœur Zéphyr et Andalou.

La jolie jument pousse un soupir de lassitude.

– Quelle histoire ! souffle-t-elle. On a frôlé la catastrophe…

– Mais frôlé seulement ! se félicite Moustique, réconforté. Alors, Lulu, on ne t'entend pas. Tu ne dis rien à ton petit chou favori ?!

Pas de réponse. Intrigué, le poney fixe ses amis et…

– Il manque Lulu ! s'étrangle-t-il.

– Laisse-lui le temps de revenir, note Zéphyr. Elle marche moins vite que nous…

– Justement ! argumente Moustique. Si elle est allée moins loin, elle devrait déjà être de retour !

– C'est plutôt logique, approuve Percheron. Avertissons Sophie !

Tous se cabrent en hennissant à tue-tête devant l'écurie. Bingo : la cavalière se précipite hors du bâtiment.

– Que se passe-t-il ?

Elle lève sa lampe électrique en direction des chevaux. Ils se calment aussitôt. Mais Zéphyr et Andalou émettent un grondement rauque en tournant autour de leurs amis afin de souligner l'absence de la jument...

– Voyons, ne vous énervez pas comme ça, je vous en prie ! supplie Sophie. Oh, mais... Lulu n'est pas avec vous ?!

Inquiétudes

Moustique s'agite. Il trottine tout autour de la cour en criant :

– Lulu !

– Ne t'éloigne pas ! le rappelle Andalou. Il fait nuit noire, cela ne sert à rien !

– Mais on ne peut pas abandonner Lulu ! gémit le poney.

– Évidemment que non, gros bêta, rouspète Zéphyr. C'est pour ça qu'on a prévenu Sophie.

Moustique revient tout penaud devant l'écurie. Sophie en ressort au même instant, Victor sur les talons. Ils pointent leurs lampes torches vers la grille, l'enclos, le haras, le sentier du grand paddock, en vain.

– Mais où est-elle ? bredouille la cavalière.

– On pourrait essayer de suivre ses traces dans la neige ? suggère son ami.

Sophie hausse les épaules.

– Impossible, Victor : les autres aussi ont laissé de nombreuses empreintes. Si seulement on y voyait un peu mieux…

– Attends, j'ai une idée !

Le palefrenier se précipite dans la remise. Il en ressort au volant du van, phares allumés. Il traverse lentement la cour, braquant les faisceaux lumineux sur les moindres recoins.

Hélas, la tempête s'intensifie encore, les flocons empêchant désormais toute visibilité. Soudain, le froid fait caler le moteur du van. Victor parvient tant bien que mal à redémarrer. À contrecœur, il se résout à rentrer le véhicule dans la remise.

– Il nous faudrait une Jeep, grommelle-t-il en revenant auprès de Sophie.

Une bourrasque glaciale s'abat alors sur eux. Les chevaux sursautent, terrifiés.

– Vite ! Bâchons l'écurie et dépêchons-nous de mettre les chevaux à l'abri, déclare Sophie.

Puis, la voix tremblante, elle ajoute :

– Pauvre Lulu ! On n'a pas le choix : on doit suspendre les recherches. On les reprendra aux premières lueurs du jour, en espérant que le temps soit redevenu plus clément…

Plus tard, les chevaux ont réintégré l'écurie. Comme la bâche laisse passer un peu d'air au-dessus de la stalle de Moustique, Victor a installé le poney dans le box de Féline. Celle-ci ne s'en plaint pas : la présence de son ami atténuera peut-être son angoisse…

– Vous croyez que Lulu va bien ? demande tout à coup Moustique à ses amis.

Un silence embarrassé accueille sa question. Puis Percheron se racle la gorge avant de répondre :

– Notre Lulu n'est pas née de la dernière pluie. Elle saura se débrouiller, je n'en doute pas une seconde.

Il s'est efforcé de parler sur un ton ferme, afin de masquer son inquiétude. Il ne quitte cependant pas la fenêtre des yeux, scrutant l'obscurité et guettant impatiemment la réapparition de la jument…

– En tout cas, dès son retour, on s'occupera bien d'elle ! décide Andalou. Je lui donnerai ma couverture. Ainsi que la ration d'avoine qu'il me reste.

– Elle doit avoir tellement froid ! gémit Féline.

Aussitôt, Zéphyr flanque un grand coup de sabot dans la paroi de sa stalle. Ses naseaux frémissent de colère.

– À quoi bon bavarder dans le vide ? fulmine-t-il. Agissons, mille tonnerres ! Je suis prêt à partir à sa recherche sur-le-champ !

– C'est trop dangereux, voyons ! proteste Andalou.

– Et alors ? riposte le pur-sang. Moi, ça ne me fait pas peur ! Il s'agit de Lulu, quand même !

Sa remarque émeut tout le monde.

– Tu es très courageux, Zéphyr, admet Percheron. Mais Sophie et Victor auront besoin de toi, demain matin, pour retrouver Lulu. Tu ne peux pas prendre le risque de te perdre dans le blizzard : tu gâcherais notre meilleure chance de sauver notre amie…

– Je veux Lulu ! sanglote brusquement Moustique. Je veux qu'elle me traite de petit chou et l'entendre dire « Nom d'une marguerite ! » quand elle rouspète.

– Oh, moi aussi, Moustique, si tu savais ! renchérit Féline. Mais ne pleure pas, nous devons demeurer forts et unis !

Elle lui caresse tendrement le front du bout de son nez. Bouleversé, le poney enfouit sa tête sous la crinière soyeuse de la jument.

– Allons, un peu de cran, dans l'écurie ! intervient Andalou. Si Lulu revient… Non, je veux dire, quand Lulu reviendra, il faudra faire bonne figure !

Moustique renifle.

– Oui, c'est vrai, ça ! Lulu pourra être fière de nous !

– Et pour le cas où elle rentrerait dans la nuit, je monterai la garde afin de l'accueillir et de lui ouvrir la porte ! enchaîne Zéphyr.

– Excellente idée ! approuve Percheron. Faisons le guet à tour de rôle ; ainsi, chacun pourra dormir l'esprit plus tranquille. Tâchons de nous reposer un maximum car, quoi qu'il arrive, nous aurons besoin d'être en forme pour aider notre Lulu !

Et c'est le cœur plein d'espoir que les chevaux parviennent finalement à sombrer dans le sommeil…

Les recherches

Le lendemain matin, au lever du jour, la tempête a cessé. La température, très basse, ne permet cependant pas à l'épaisse couche de neige de fondre. Le paysage ressemble à un désert immaculé. La couverture blanche s'étend à l'infini, on ne distingue plus ni les sentiers ni l'orée de la forêt. La région est totalement métamorphosée.

– On se croirait perdus en plein océan de glace ! constate Percheron en regardant une fois de plus par la fenêtre.

– Et Lulu ? demande Moustique en se réveillant. Elle n'est pas rentrée ?

– Non…

Andalou soupire. L'ambiance n'est pas des plus gaies lorsque

Victor arrive avec un copieux petit-déjeuner, composé de céréales, de fruits et de légumes frais. En temps normal, les chevaux se précipiteraient sur ce festin. Mais aujourd'hui, ils manquent d'appétit…

– Vous vous inquiétez pour Lulu ? devine le palefrenier. Eh bien, dans ce cas, mangez ! Sophie et moi partons à sa recherche dans moins d'une heure. Et nous emmenons Zéphyr et Féline.

– Par ce froid ? bafouille la jument. Oh ! là, là ! J'aurais préféré rester ici…

– Prends des forces, au lieu de te plaindre ! intervient Zéphyr, la bouche pleine d'avoine. Galoper au secours de Lulu est une vraie mission de confiance !

Féline minaude. Elle bat des cils avec coquetterie.

– Oui, tu n'as pas tort, répond-elle. Après tout, je suis la chouchoute de Sophie… Elle ne peut pas se passer de moi !

– Dommage qu'elle ne m'ait pas choisi, ronchonne

Andalou. J'aurais donné cher pour vous accompagner !

Zéphyr trotte dans la neige, Victor sur son dos. Féline suit avec Sophie, qui a tenu à emmener le chien Martin, dont le flair aiguisé devrait les guider. Le petit groupe inspecte d'abord le haras, dans l'espoir de repérer des signes du passage de Lulu. Mais c'est peine perdue : les flocons ont tout recouvert. Soudain, Martin s'immobilise devant la clôture du paddock et aboie : une planche brisée gît sur

le sol, dissimulée sous un buisson enneigé. Victor approche afin de l'examiner.

– Elle a reçu un coup de sabot, affirme-t-il sans hésiter. Les traces sont très nettes.

– Tu veux dire que, dans l'affolement, Lulu se serait enfuie par là ? interroge Sophie.

Le palefrenier acquiesce.

– Elle a dû se retrouver séparée des autres par mégarde. Et, dans le noir, avec le vent qui soufflait, elle s'est égarée. Elle n'était pourtant pas très loin de l'écurie !

– Donc, si elle a foncé à travers la barrière, cela signifie qu'elle est partie en direction de la forêt, en conclut Sophie.

Ils se remettent en route, Martin en tête. Féline se méfiant un peu de ce dernier, elle demeure quelques pas derrière Zéphyr…

– Tu as peur des chiens ? se moque le pur-sang.

– Bien sûr que non ! ment son amie. Je me montre juste prudente. Je ne voudrais pas qu'il me morde la jambe…

À cet instant, Martin fait brusquement volte-face et vient courir, langue pendante, auprès de la jument. Il jappe, bondit avec un air malicieux autour d'elle.

– J'ai l'impression que Martin comprend ce que nous disons et qu'il adore te tourmenter, Féline ! s'exclame Zéphyr.

– Eh bien, qu'il arrête ! grogne-t-elle. Tu es déjà là pour

m'embêter… c'est largement suffisant !

Maintenant, Martin file droit devant. Puis il oblique sur la droite et pénètre comme une flèche dans la forêt en aboyant. Sophie et Victor lui emboîtent le pas. Ils se penchent pour se glisser sous les branches couvertes de neige. Les feuilles givrées craquent sous les pas des chevaux. Martin contourne alors un bosquet… et aboie de plus belle en sautillant sous le nez de Lulu, couchée contre un tronc creux !

– Enfin ! hennissent en chœur Zéphyr et Féline, en l'apercevant.

– Là voilà ! s'écrie Sophie.

La cavalière se dépêche de descendre de cheval et court s'agenouiller à côté de la jument. Celle-ci respire rapidement.

Mais elle accueille ses compagnons avec bonheur.

– Zéphyr ! Féline ! Vous m'avez retrouvée ! Si vous saviez quelle nuit de cauchemar j'ai vécue ! J'ai bien failli me transformer en statue de glace !

– Mais que fais-tu là ? s'étonne le pur-sang.

– Quand le toit de l'écurie a menacé de s'effondrer, j'ai galopé avec vous tous. Mais dans l'obscurité, j'ai perdu le sens de l'orientation… et j'ai fini dans la forêt sans l'avoir voulu !

– Tu n'as pas trop froid ? souffle Féline. Pourquoi restes-tu couchée par terre ?

– J'ai glissé sur une plaque de verglas, soupire Lulu. Je me suis blessée. C'est extrêmement douloureux, je ne peux presque plus marcher. J'espère que ce n'est pas trop grave…

Zéphyr a une bonne idée :

– Agite la jambe qui te fait mal, Sophie et Victor l'ausculteront !

Le sauvetage

Victor s'empare de sa sacoche de selle, puis il rejoint Sophie.

– Le plus urgent, c'est de réchauffer Lulu, décrète-t-il. J'ai apporté une couverture matelassée.

Sophie fronce les sourcils.

– Elle en porte déjà deux, note-t-elle.

– Je ne lui en avais pourtant mis qu'une, hier soir ! s'étonne le palefrenier. En tout cas, c'est ce qui l'a empêchée de geler.

Il ôte rapidement les couvertures mouillées du dos de la jument et les remplace par la neuve. Ensuite, il verse le contenu d'une bouteille d'eau dans un petit seau afin de lui proposer à boire. Lulu ne se fait pas prier !

– Ta jambe ! lui rappelle Zéphyr.

– Oui, voilà…

La jument se met à bouger de façon à tendre le pied sous le nez de ses sauveteurs. Sophie pousse une exclamation.

– Oh ! Regarde, Victor : Lulu a un gros œdème, sur le boulet, au-dessus du sabot !

– Tu as raison, sa jambe est très enflée, constate son ami.

Il palpe la zone avec beaucoup de précaution.

– C'est tout chaud, ajoute-t-il. Je pense qu'il s'agit d'une entorse. J'espère que ce n'est pas trop sérieux...

– Et là, tu as vu ? interroge Sophie. Elle a une petite plaie, sur le paturon...

Une entaille creuse en effet l'arrière du pied de la jument.

– Elle a dû se blesser sur un caillou, devine Victor. On ne peut pas la ramener au haras en marchant, on risquerait d'aggraver ses blessures.

– Je préviens les secours ! lance Sophie.

Elle s'éloigne afin de trouver du réseau pour utiliser son téléphone portable. Le temps qu'elle revienne, Victor a donné une bonne poignée de foin à mastiquer à Lulu, ravie.

– Elle n'a pas l'air d'aller trop mal, se félicite-t-il. Elle est robuste, cette jument !

– Tant mieux, parce que nous ne sommes pas au bout de nos peines, réplique Sophie, morose. Les secours ne peuvent pas se déplacer jusqu'ici pour l'instant. Les routes sont bloquées par des arbres, que la tempête a fait tomber cette nuit. Leur véhicule ne passera pas.

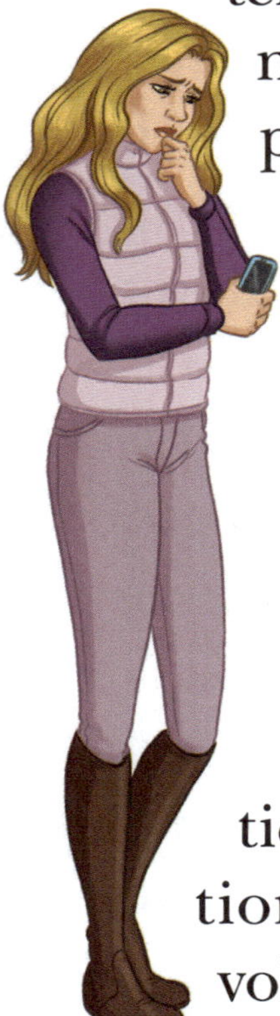

– Et leur hélicoptère ? s'enquiert Victor.

La cavalière secoue la tête.

– Ils ne peuvent pas hélitreuiller un cheval dans cette partie de la forêt. La végétation est trop dense pour voler assez bas…

Victor grimace, l'air soucieux.

– Alors ça, c'est embêtant, remarque-t-il. On ne peut pas laisser Lulu ici après toute une nuit…

– On ne peut pas non plus la reconduire au haras avec le van, le sentier enneigé est impraticable pour les voitures et les camionnettes, souligne son amie.

Soudain, le visage du palefrenier s'illumine.

– Mais oui ! J'ai la solution ! Attends-moi, je reviens !

Il bondit en selle. Zéphyr se cabre, prêt à repartir. Sophie s'exclame :

– Dis-moi au moins où tu vas, Victor ?!

– Je rentre au haras. Je vais chercher Percheron !

Dès que Zéphyr regagne l'écurie, les questions fusent.

– Alors ? Tu as des nouvelles de Lulu ? s'inquiète Moustique.

– Elle se porte bien, répond le pur-sang tandis que Victor l'installe dans son box. Elle est dans la forêt. Mais elle a une entorse. Elle ne peut pas marcher.

– Il faut la ramener ! s'affole Andalou.

Zéphyr n'a pas le loisir de lui expliquer le plan du palefrenier : ce dernier se précipite déjà dans la stalle de Percheron.

– On a besoin de toi, mon vieux !

Le cheval de trait redresse les oreilles. Victor continue :

– Tu es solide et bâti pour te déplacer sur les terrains accidentés et pour tirer de lourdes charges. En plus, avec ta robe épaisse, tu ne crains pas trop le froid… Tu es donc le cheval de la situation ! Je vais t'atteler à la grande charrette, et nous irons récupérer Lulu !

– Plutôt deux fois qu'une ! hennit Percheron en se campant

sur ses jambes. Ma Lulu n'a plus rien à craindre : je la ramènerai, et dans les meilleures conditions !

– Hip, hip, hip, hourra pour Percheron ! s'exclame Moustique, enfin rassuré.

Andalou profite de ce que Victor fonce à la sellerie prendre le harnais du cheval de trait pour sortir de sa stalle, une carotte à la bouche. Il la dépose aux pieds de Percheron.

– Tiens, tu donneras ça de ma part à Lulu. Je la gardais pour elle depuis ce matin, murmure-t-il.

– Mais… comment veux-tu que je m'y prenne ?! questionne son ami.

Moustique surgit alors à son tour auprès du cheval de trait.

– Facile ! rétorque-t-il. Tu la prends entre tes dents, tu la caches discrètement en passant devant la charrette, et Lulu la trouvera en montant à bord ! Attention, revoilà Victor !

Et, ni une ni deux, le coquin réintègre sa stalle comme une flèche !

Les retrouvailles

Percheron, attelé à la charrette, avance avec précaution dans la neige. Assis sur le banc du conducteur, Victor le dirige en douceur, veillant à ce que la carriole bringuebalante ne se renverse pas sur le bas-côté de la route.

Bientôt, ils pénètrent dans la forêt, se frayant difficilement un chemin parmi les buissons, les racines et les branches basses. Percheron souffle fort, la robe luisante de sueur malgré le froid, lorsqu'ils rejoignent Sophie, Féline et Lulu.

– Je me réjouis de te revoir saine et sauve, ma chère Lulu ! déclare Percheron en s'arrêtant près du tronc creux.

– Je suis tout de même blessée, grommelle la jument. Mais je te remercie d'être venu me chercher par un temps pareil…

– Quand je pense que tu vas rentrer au haras bien au chaud dans la charrette, alors que nous allons encore devoir nous geler les sabots à trotter dans la neige ! se plaint Féline. Si j'avais su, je me serais fait une entorse, moi aussi !

Percheron secoue la crinière en s'ébrouant de protestation.

– Pitié ! Mon fardeau du jour est largement suffisant !

Sophie tapote alors avec affection la nuque de Lulu.

– Du cran, ma belle ! l'encourage-t-elle. Tu dois te lever et monter toi-même te coucher dans la charrette. Victor et moi, nous allons t'aider.

– Oh, non ! Je n'y arriverai jamais, geint la jument en refusant de bouger.

– Il le faudra pourtant ! tranche Féline. J'en ai assez, je veux retrouver mon écurie !

Le palefrenier passe un licol à Lulu, afin de pouvoir la guider. La jument se redresse en s'appuyant le moins possible sur son pied endolori. Enfin, elle se retrouve debout, claudiquant, sur les jambes tremblantes.

– Un dernier petit effort, lui chuchote Sophie à l'oreille.

Victor incline la charrette. Il ouvre ensuite l'arrière, afin que Lulu puisse grimper dedans. La jument s'étend alors au fond

de la carriole et soupire d'aise, tandis que Percheron roule des épaules, prêt à tracter sa charge.

– Tiens ! Il y a une carotte dans la charrette ! s'étonne Lulu.

– C'est un cadeau d'Andalou, explique le cheval de trait.

Les naseaux de Lulu frémissent.

– Quelle délicate attention ! s'exclame-t-elle, enchantée. Tu sais quoi, Percheron ? Nous allons la partager !

Plus tard, de retour au haras, Lulu est la vedette de l'écurie. Allongée sur sa litière de paille fraîche, elle laisse le vétérinaire examiner son pied. Debout derrière lui, Victor et Sophie attendent avec impatience le diagnostic. Enfin, Albert se tourne vers eux en souriant.

– Il s'agit d'une entorse bénigne, Lulu n'aura pas de séquelles. Je repasserai demain lui faire une radio de contrôle, mais tout va bien.

– Bonne nouvelle ! se réjouit Sophie. Et pour les soins ?

– Vous lui appliquerez un emplâtre d'argile chaque matin, cela atténuera la douleur. Et repos jusqu'à la guérison, préconise le vétérinaire. Quant à la petite plaie, un cataplasme au miel de thym empêchera l'infection et permettra la cicatrisation.

Il caresse la crinière de la jument.

– Tu l'as échappé belle, ma jolie. Sans tes amis, tu finissais congelée en forêt ! Une prochaine fois, évite de t'enfuir sans réfléchir…

Il se relève et suit Sophie et Victor dans la cour afin de

rédiger son ordonnance.
Vexée, Lulu retrousse les lèvres sur ses dents épaisses…

– Nom d'une marguerite ! Je ne me suis pas enfuie ! se fâche-t-elle.

– En tout cas, tu t'es perdue comme un jeune poulain ! la taquine Zéphyr.

Percheron s'interpose.

– Méfie-toi ! le menace-t-il. La prochaine fois, cela pourrait bien être ton tour…

– Et si Percheron n'a pas envie de venir à ton secours, tu l'auras bien mérité ! renchérit Moustique.

Lulu hennit de rire.

– Oui, le petit chou a raison ! approuve-t-elle en se moquant gentiment du pur-sang.

– Je ne suis pas un petit chou, commence le poney. Mais j'ai rai…

Puis il se ravise et termine :

– Enfin si, juste pour aujourd'hui, je suis un petit chou !

À ces mots, il quitte son box pour venir se coucher avec tendresse contre Lulu.

– Oh ! Comme il est mignon ! s'extasie Féline.

– Pour une fois, profitons-en ! plaisante Andalou.

Alors, les chevaux sortent tour à tour de leur stalle afin de se réunir dans l'allée, devant la porte grande ouverte de Lulu. Comme il reste un peu de place sur la paille, Percheron se faufile auprès de Lulu et s'étend auprès d'elle. La jument ferme les yeux de bonheur. Même avec une partie du toit défoncée, l'écurie demeure son havre de paix…

– Encore merci, mon Percheron, murmure-t-elle, avec une pointe de fatigue dans la voix.

– Je serai toujours là pour toi, ma Lulu ! bâille le cheval de trait.

Et tous deux s'endorment sous le regard bienveillant de

leurs amis, soulagés d'être à nouveau réunis.

Fin

As-tu lu les précédentes histoires ?

1. Un nouveau pensionnaire

2. La grande compétition

3. Un choix difficile

4. Un rival inattendu

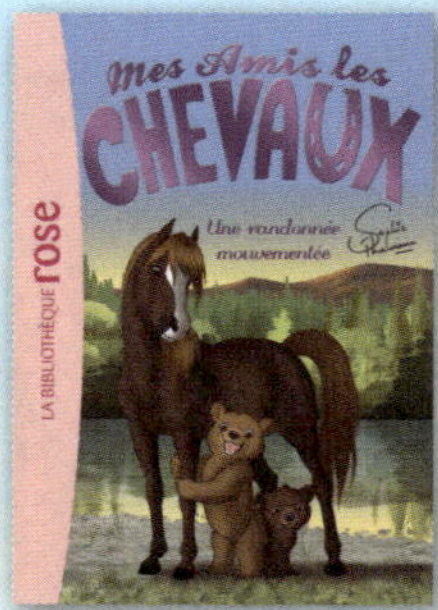

5. Une randonnée mouvementée

6. Une rencontre inoubliable

7. La surprise de l'hiver

8. Le loup solitaire

9. Sous le feu
des projecteurs